BIBLIOTHÈQUE DU PARTI OUVRIER

JULES GUESDE

LE PROBLÈME

ET

LA SOLUTION

LES HUIT HEURES A LA CHAMBRE

EN VENTE

Bureau du SOCIALISTE

132, rue Montmartre, 132

LILLE

Imprimerie ouvrière, G. DELORY
rue de Fives, 23

PROBLÊME ET SOLUTION

Le problème que le socialisme a pour mission de résoudre réside tout entier dans un *fait*, dont on peut dire comme du soleil : « Aveugle qui ne le voit point. » C'est *la séparation intervenue entre les moyens de production ou de travail et les producteurs ou travailleurs.*

Ni les mines ne sont aux mains des « ouvriers du dessous » qui les mettent en valeur au péril quotidien de leur vie ; ni les chemins de fer n'appartiennent à ceux qu'on a pu appeler les serfs de la voie ferrée ; ni les tissages, filatures, hauts fournaux, scieries mécaniques, etc., etc., ne sont à un titre quelconque la propriété du personnel qui les exploite.

Et le développement économique de la société bourgeoise tend à généraliser cet état de choses en détruisant naturellement et nécessairement la petite industrie, basée sur la possession de ses moyens de production par le travailleur.

Après l'industrie proprement dite, c'est le commerce, c'est l'agriculture qui, sur l'expropriation du petit boutiquier et du paysan cultivateur, s'organisent en grand, monopolisés par des non travaillants.

De plus en plus le travail est d'un côté, fourni

par une classe ; la propriété ou le capital, d'un autre côté, détenu par une autre classe.

Ici, travailleurs sans propriété — ou *prolétariat*. Là, propriété sans travail — ou *capitalat*.

C'est de ce divorce entre les deux facteurs de toute production que découlent tous les maux, tous les désordres qui affligent non-seulement les travailleurs transformés en salariés, mais la société entière.

Les travailleurs sans propriété sont exclus de leurs produits, des r.chesses qu'ils créent — et qui vont s'accumulant aux mains des détenteurs des moyens de production, capitalistes et grands propriétaires terriens.

Le travail, qui ne fait qu'un avec le travailleur dont il est inséparable, n'est plus, en effet, qu'une marchandise soumise aux lois qui règlent le prix des marchandises et le ramènent, à travers les oscillations de l'offre et de la demande, à leurs frais de production ou de reproduction. Or, les frais de production ou de reproduction du travail, ce sont la nourriture, l'entretien du travailleur. Et ils tendent toujours à baisser parce que, pour l'emporter sur le marché, les fabricants. quels que puissent être leurs sentiments personnels, eussent-ils le cœur d'un Vincent de Paul ou d'une Louise Michel, sont contraints de réduire au minimum leur prix de revient, lequel comprend les prix de main d'œuvre.

Il y a donc tendance universelle et forcée à

réduire au plus bas les salaires ouvriers. Et cette loi tendancielle suffit à briser toutes les bonnes intentions ou volontés des employeurs, prisonniers de l'ordre social dont ils bénéficient.

Une autre cause pour laquelle les salaires — quelle que soit la productivité du travail humain — ne sauraient s'élever au-dessus des besoins immédiats des salariés, c'est que l'offre du travail tend de plus en plus à dépasser la demande.

L'augmentation de l'offre du travail résulte fatalement de l'afflux dans le prolétariat des expropriés de la petite industrie, du petit commerce et de la petite culture, réduits à leur tour pour manger à la vente de leurs bras.

La diminution de la demande du travail résulte non moins fatalement du machinisme et de son extension. La force non humaine de travail (vapeur, électricité, etc.,) remplace de plus en plus et rend de plus en plus inutile la force humaine du travail. C'est même en cela que consiste exclusivement ce qu'on appelle le progrès dans l'ordre économique : « réduire sans cesse la somme de travail humain nécessaire à une production donnée. »

Les économistes prétendent, il est vrai, que cette réduction du champ du travail humain — seul moyen d'existence d'une classe — ne serait que provisoire. Par suite du meilleur marché, le produit, plus demandé, entraînerait une augmentation de la production et une nouvelle demande de bras. Mais les économistes pourraient aussi

bien raconter que la fabrication mécan ue des
cercueils multipliera le besoin de cercue's. La
production mécanique des bouteilles ou des
tonneaux n'est-elle pas limitée par la production du vin, de la bière, etc.; celle de rails ou
des chaudières par le nombre des us.. e ou le
développement des transports? D'autre part,
ni la mécanique agricole (charrues à vapeur,
semeuses, moissonneuses, butteuses), ni les
grues de déchargement dans les ports ne mul-
tiplient les produits; elles suppriment sim-
plement de la main d'œuvre. Mais même dans
les industries où le machinisme s'est traduit
par une multiplication prodigieuse des articles
fabriqués, la demande de travail a diminué.
Exemple: l'industrie cotonnière en Angleterre,
dont la productivité s'est accrue de 1,231 0/0 de
1819-22 à 1880-82, alors que les bras employés
tombaient de 1/37 de la population (445,000 sur une
population de 16,500,000) à 1/50 (686,000 sur
34 millions). Autre exemple: l'industrie de la
chaussure aux États-Unis, portée de 70 millions de paires en 1845 à 448 millions en
1875, alors que les travailleurs qui en vivent
sont tombés de 1/414 (45,900 sur 19 millions
d'habitants) à 1/1.145 (48,000 sur 55 millions).

En régime de non possession par les travailleurs de l'instrument de leur travail, tous les
progrès, de quelque nature qu'ils soient, se re-
tournent contre eux pour accroître leur misère,
leur servitude, l'insécurité de leur existence,

pour tout dire, en un mot, leur exploitation,

Je parlais tout à l'heure de la machine. Est-ce que, actionnée par la vapeur, elle n'aurait pas dû décharger l'humanité laborieuse de l'effort, de la peine, l'affranchir ? Elle a, au contraire, aggravé ses travaux forcés en les étendant de l'ouvrier à la femme, transformée en ouvrière, et à l'enfant. Du moment qu'elle permettait l'emploi des bras féminins et enfantins, il a fallu que la femme entrât dans l'usine, y laissant sa santé, sa dignité, la race même compromise, atteinte dans sa source, en plein ventre maternel. L'effet de cette concurrence déchaînée entre les divers membres de la famille ouvrière a encore été un avilissement de la main-d'œuvre. Car la légende du bien-être familial ainsi augmenté ne tient pas debout, même devant un Jules Simon. Quand la femme et l'enfant n'étaient pas industrialisés, le salaire de l'homme devait forcément être assez élevé pour suffire à l'entretien de tous. Aujourd'hui, pour le même prix qu'il lui fallait payer la seule force-travail de l'homme, l'employeur achète la triple force-travail de l'homme, de la femme et de l'enfant.

La découverte du gaz, cette création, de main humaine, d'un *soleil de nuit* pour prolonger et compléter l'autre, n'a pas été moins néfaste que la machine à la classe ouvrière. Elle a donné lieu au travail de nuit, à l'*abattoir* du travail de nuit.

Et l'instruction que l'on répand — et à laquelle

nous sommes les premiers à applaudir, comme à un nouvel élément de destruction de la société actuelle — de quelle conséquence croit-on qu'elle va être pour le prolétariat tant que durera cette société ? En perfectionnant l'outillage humain, qui produira plus et mieux, elle créera de nouveaux chômages, de plus longues mortes-saisons. Un ouvrier instruit suffira là où deux ouvriers ignorants étaient nécessaires — et occupés.

On parle beaucoup depuis quelques temps de la participation aux bénéfices, dans laquelle des Dupuy après des Waldeck-Rousseau s'obstinent à voir une panacée. la réconciliation du travail et du capital. Fût-elle applicable, la participation ne ferait que transporter la lutte sur le terrain des bénéfices à partager. Mais, sans insister sur ce point, en intéressant l'ouvrier à produire le plus possible. elle lui ferait faire en deux jours le travail de trois, n'aboutissant par suite qu'à multiplier les jours déjà trop nombreux de chômage ou de non-salaire.

A l'enfer, dans lequel s'agite la classe productive dépossédée de ses moyens de production, il n'y a pas d'issue. C'est le *lasciate ogni speranza* du Dante.

Les conséquences sociales de la rupture, toujours plus complète, entre le travail et le capital ne sont pas moins épouvantables.

C'est d'abord la guerre de tous contre tous.

Il est de mode, parmi les adversaires — par

ignorance ou par calcul — du socialisme, de lui imputer à crime la lutte de classes. Comme si nous l'avions inventée ! Nous ne faisons que la constater et la faire servir, qui mieux est, à sa propre fin. De même que, pour combattre la maladie, la première condition qui s'impose au médecin, c'est de la reconnaître.

Ce n'est pas en fermant les yeux sur la guerre qui divise et épuise l'humanité que l'on arrivera à la paix désirée.

Cette guerre de tous les instants est triple :

Guerre entre les prolétaires et les capitalistes pour le partage du produit, en salaires ici, en profits là, que des deux côtés on s'efforce de porter au maximum ;

Guerre entre prolétaires et prolétaires pour le partage des salaires ;

Guerre entre capitalistes et capitalistes pour le partage des profits.

Homo homini lupus. L'homme est devenu un loup pour l'homme. Et cela fatalement. Il s'agit de manger son semblable ou d'en être mangé.

D'autre part, toutes les merveilles du génie humain, toutes ses conquêtes sur la nature, dont j'indiquais plus haut les résultats homicides pour la classe ouvrière, n'atteignent pas moins mortellement les autres classes de la société. Les couleurs de l'aniline, extraites de la houille, ont ruiné les départements qui vivaient de la culture de la garance. Que demain, comme on l'annonçait tout récemment, on ait réellement trouvé le moyen de fabriquer directement la fonte par l'électricité, et les hauts fourneaux éteints ne laissent aux millionnaires d'hier que les yeux pour pleurer. Toutes les découvertes sont condamnées à ne s'opérer qu'à coups de révolutions, laissant derrière elles des victimes par milliers, en haut comme en bas de l'échelle sociale.

C'est, selon l'admirable expression du programme de la démocratie socialiste allemande, *l'insécurité générale devenue la condition normale de la société.*

Que dire enfin, des crises de surproduction qui vont se multipliant et s'intensifiant, et que rien ne saurait conjurer ? Pour atténuer ces crises, nées de l'écart toujours croissant entre l'illimitation de la productivité du travail humain et la limite posée par le salariat à la rétribution ou à la consommation des travailleurs, on a eu, lorsque l'industrie était encore restreinte à un pays ou deux, les débouchés fournis à l'exportation par la partie de l'Europe demeurée agricole (Italie, Allemagne, etc.). Aujourd'hui que, devenues à leur tour industrielles, ces dernières nations arrivent, elles aussi, à surproduire, c'est à l'Afrique, à l'Asie que l'on est obligé de s'adresser pour l'écoulement de ce trop-plein de marchandises. C'est la politique coloniale, ce sont les guerres coloniales à l'ordre du jour de tous les gouvernements. Mais après ? On n'aura reculé que pour mieux sauter.

De plus en plus, en attendant, la société capitaliste est acculée à ne faire sortir d'une surabondance de richesses, de moyens de consommation et de bien-être, que misère, souffrance, ruine et mort.

∴

La solution du problème social sort du problème lui-même tel que le posent les phénomènes économiques et tel que je viens de l'exposer sommairement. Puisque le *mal des maux* consiste dans la division de plus en plus générale des deux facteurs de la production, le travail et la propriété ou le capital, le remède est et ne peut être que dans leur réunion dans les mêmes mains.

Sous quelle forme opérer cette réunion libératrice ?

Ce ne peut être la forme individuelle, qu'exclut l'énormité, le *géantisme* de l'outillage engendré par la vapeur et l'électricité et qu'élimine le mode de travail, devenu collectif. On produit en commun, on ne peut posséder qu'en commun les moyens de produire.

En dehors d'un comte de Mun, hypnotisé par les arts et métiers du moyen-âge et comptant sur un miracle pour les ressusciter, il n'y a que des anarchistes, rêvant de droits naturels et d'état de nature, pour pousser l'utopie à rebours jusqu'à préconiser le partage, l'émiette-

ment, l'individualisation de la machinerie moderne :

> Au mécanicien, la locomotive ;
> Au fondeur, le cubillot,

dit ce qui leur sert de *Marseillaise*.

La seule forme possible, que dis-je ? imposée par les conditions actuelles de la production et de l'échange, est la forme collective, non pas même communale ou corporative, mais sociale. Ni les mines qui s'étendent sur — ou sous — des départements entiers, ni les chemins de fer qui traversent les continents, ni les *Louvre* et les *Bon Marché* qui rayonnent par de là les frontières nationales, ne se prêtent à une *communalisation*. Et il en sera de plus en plus ainsi de tous les organes de production, de distribution et de transport. Par suite de la transmission de la force au moyen de l'électricité, les chutes d'eau aujourdhui, les marées demain vont pouvoir être converties en forces motrices mobiles. Est-ce que sans folie l'on peut s'arrêter une seule minute à l'idée de la monopolisation, j'allais dire de la confiscation, de ces puissances naturelles, devenues la condition de toute industrie, par certaines localités au détriment des autres ?

La forme corporative se heurte à d'autres impossibilités du même ordre. Toutes les deux d'autre part et surtout, par la concurrence ou la lutte qu'elles maintiendraient entre les divers groupes producteurs — corporations ici, communes là, — entraineraient les mêmes désastres, la même anarchie meurtrière que la forme parcellaire capitaliste de l'heure présente.

C'est unitairement, socialement, que les travailleurs, comprenant toute la nation, peuvent et doivent posséder l'ensemble des moyens de travail (mines, chemins de fer, canaux, usines, etc.) mis en œuvre socialement, unitairement. Et les éléments, à la fois matériels et intellectuels, de cette *appropriation* et de cette *production par et pour la société* — devenue une vaste et unique *coopérative*, « *coopérative commonweal* » selon l'expression anglaise — nous sont de plus en plus fournis par l'évolution capitaliste elle-même.

Éléments matériels : la concentration industrielle, commerciale et agricole qui s'opère tous les jours et que rien ne saurait enrayer — la très grande fabrication, comme le très grand commerce et la grande culture, étant appelée à avoir raison des *moyens*, comme elle a eu raison des *petits, tous petits* capitalistes. De 1870 à 1880, alors qu'aux Etats-Unis le nombre des broches augmentait de 7,131,818 à 10,678,526 et le nombre des métiers de 157,310 à 227,156, avec une valeur accrue de 862,825,164 francs à 831,127,472, les manufactures de coton tombaient de 956 à 751. C'est la finance, avec son drainage constant de l'épargne, qui se charge de précipiter cette accumulation, sous prétexte de démocratiser les capitaux.

Éléments intellectuels : la concentration,

dans la classe non possédante ou prolétaire, de toutes les activités musculaires et cérébrales, depuis le graisseur de roues et le chauffeur jusqu'au savant à la Claude Bernard, en passant par les chimistes, les ingénieurs, les directeurs, etc. Toute l'armée du travail, hommes et cadres, constituée en dehors de la classe capitaliste, est déjà plus que campée, en plein fonctionnement sur le patrimoine de l'humanité, qu'elle est seule à exploiter — dans le sens technique du mot — et qu'il ne s'agit plus que de restituer en bloc à l'humanité, par le même procédé qui a servi à déposséder en détail cette dernière : l'expropriation.

Pas plus que les classes et leur lutte fatale, les collectivistes n'ont inventé l'expropriation, qui est la loi de tout le progrès humain.

C'est par l'expropriation de l'outil de l'artisan d'abord, de son habileté technique après, puis de son foyer domestique vidé de la femme et de l'enfant, que s'est constituée la propriété capitaliste, pour ne rien dire de l'expropriation du produit de son travail qui s'accomplit journellement par le jeu du salariat. Les expropriateurs seront à leur tour expropriés — c'est « la justice immanente » dirait Gambetta — et ils le seront d'autant plus facilement que, sous la forme actionnaire et obligataire, ils deviennent tellement étrangers à la production qu'ils peuvent disparaître du jour au lendemain sans que la production, je ne dis même pas en souffre, mais s'en aperçoive.

Cette expropriation économique — qui laissera aux expropriés le bénéfice de l'appropriation sociale — devra être précédée d'une expropriation politique, la rentrée à la collectivité n'étant exécutable que par un prolétariat maître de l'État, agissant légalement, puisqu'il sera et fera la loi.

Il me reste à indiquer en courant les principales conséquences de cette transformation de la propriété capitaliste en propriété sociale :

1° Plus de classes, partant plus de lutte de classes. Les travailleurs sont désormais leurs propres capitalistes, ou, si l'on aime mieux, tous les membres du corps social sont à la fois et à titre égal co-propriétaires et co-producteurs. Plus d'État, dans le sens oppressif du mot, l'État n'étant que le moyen de maintenir artificiellement, par la force, l'ordre que ne saurait réaliser naturellement une société basée sur l'antagonisme des intérêts. Le gouvernement des hommes fait place à l'administration des choses. C'est la grande paix sociale, fille de l'harmonie.

2° La production marchande, de valeurs d'échange, pour la vente, en vue du profit, disparaît et est remplacée par la production coopérative de valeurs d'usage, pour la consommation, en vue des besoins sociaux à satisfaire. Au lieu du *volons-nous*, de l'*exploitons-nous les uns les autres*, l'*entraidons-nous les uns les* autres. *Homo homini Deus*, l'homme est un dieu pour l'homme.

3° La liberté, qui n'a été qu'un mot jusqu'alors pour le plus grand nombre, devient une bonne et vivante réalité, cette liberté dont le collectivisme devait être le tombeau et qu'il créera au contraire de toutes pièces. La liberté, c'est le moyen d'accomplir sa volonté et, par suite, de satisfaire ses besoins. Ces moyens-là existent dorénavant pour tous, multipliés par la production sociale qui est, comme surproductivité, à la grande industrie privée ce que cette dernière a été à la petite. En même temps que l'effort à faire par chacun sera réduit au minimum.

Le temps de travail social à fournir par chacun des membres valides de la collectivité sera réduit :

a. Par la suppression des mortes-saisons qui sévissent aujourd'hui sur les divers métiers de trois à six mois par an, et des chômages qui immobilisent en les affamant ouvriers et ouvrières par centaines de mille, chômages et mortes-saisons résultant de « l'état diffus des fonctions économiques que le socialisme fera passer à l'état organisé », selon la très juste définition du professeur Durkheim, de Bordeaux.

b. Par la disparition, non seulement de la classe parasitaire, mais de tous les sous-parasites qui vivent sur cette classe : en France, plus de deux millions de domestiques des deux sexes, sans compter les prostituées et les prêtres, les policiers, les juges et les soldats ;

c. Par le tranfert au travail utile de toutes les forces humaines et mécaniques, détournées actuellement aux travaux nuisibles (canons, fusils, torpilles, etc.) et aux travaux inutiles (de pure ostentation, de réclame ou de simple voyage des capitaux de Pierre dans la poche de Jean) ;

d. Par l'utilisation de tous les efforts présentement gaspillés, perdus, anéantis dans une concurrence effrénée ;

e. Par le perfectionnement, l'*automatisation* de la machine, que chacun aura intérêt à pour suivre de toutes ses facultés intégralement développées puisque ce sera autant de loisirs ou de mieux-être réalisé pour lui-même et pour l'espèce.

Or, dès aujourd'hui, alors qu'aucune de ces conditions n'est ni remplie, ni remplissable, un statisticien anglais, cité par Domela Nieuwenhuis dans sa brochure sur le Premier-Mai, a calculé que, pour pourvoir à tous les besoins réels de tous, une heure vingt de travail par jour suffirait avec l'outillage et la technique actuelle.

Un autre fruit de la société collectiviste — et c'est par là que je terminerai — ce sera la fin des religions ou du surnaturel dans l'humanité.

Loin de s'évanouir devant le développement de la science moderne, l'idée religieuse a pris un nouvel essor. C'est ainsi que, dans le siècle de Lavoisier et de Laplace, de Darwin et d'Edison, nous avons pu assister à l'éclosion de nouvelles religions, Pourquoi ? Parce qu'aux phénomènes naturels expliqués et régis finalement par l'homme — et cessant par suite d'abriter un dieu — ont fait suite d'autres phénomènes, plus complexes encore, d'ordre économique, qui, dans le milieu individualiste d'aujourd'hui, échappent à l'homme et le dominent. Dieu, chassé par une porte — la porte de la nature — est rentré par une autre — la porte sociale. Et tant que les forces productives qui nous écrasent individuellement n'auront pas été maîtrisées, de la seule façon dont elles puissent l'être, par la main-mise sur elles de la société en prenant la direction, l'homme, en proie à la misère, jouet du hasard, se courbera devant un *inconnu* dont il est la victime — et le *déifira*.

Ce n'est qu'une fois domptés les éléments économiques, comme ont été domptés les éléments naturels, lorsque la société sera devenue une providence pour chacun de ses membres, que disparaîtra jusqu'à l'idée d'une providence cherchée par delà les nuages, parce que — à l'inverse de la légende chrétienne de Dieu se faisant homme — l'homme se sera fait Dieu.

LES HUIT HEURES A LA CHAMBRE

EXPOSÉ DES MOTIFS

DE LA

PROPOSITION DE LOI

Déposée le 22 Mai 1894

par Jules GUESDE

ET TENDANT A INTERDIRE DE FAIRE TRAVAILLER
PLUS DE HUIT HEURES PAR JOUR
ET PLUS DE SIX JOURS PAR SEMAINE
DANS LES MINES. MANUFACTURES
USINES, CHEMINS DE FER
CHANTIERS ET MAGASINS

Messieurs,

La réduction de la journée de travail constitue la plus importante, pour ne pas dire la seule réforme qui puisse être réalisée en régime capitaliste.

Elle est à la fois d'intérêt ouvrier et d'intérêt social.

Pour la classe ouvrière, y compris les employés des deux sexes, de transport et de commerce, c'est une question de bien-être, de santé, de liberté, de vie réellement humaine.

Si les salaires sont aussi bas aujourd'hui, de moins en moins en rapport avec le coût de l'existence, c'est que, par suite de la longueur de la journée de travail, une partie seulement des salariables trouvent à s'employer ou à se vendre. L'armée active du travail se double d'une armée de réserve dont la faim est

exploitée contre les travailleurs en exercice, d'autant moins rétribués qu'ils peuvent être plus facilement remplacés. Réduire la journée de travail, c'est, en réduisant cette armée de réserve, affameuse parce qu'affamée, faire hausser le prix de la force-travail, soumise à la loi de toutes les marchandises et d'autant plus payée qu'elle est plus rare ou plus demandée.

D'autre part, plus est écourté le temps de présence dans l'atelier ou le magasin, et plus sont diminués les risques, maladies ou accidents, qui sont plus qu'attachés, inhérents aux diverses professions. Quelques précautions que l'on prenne, les milieux d'exploitation sont et seront toujours meurtriers soit par les matières premières intoxicatrices que l'on y travaille, soit par le maintien déformateur de certaines attitudes ou la répétition non moins déformatrice des mêmes mouvements, soit par l'air confiné que l'on y respire et les lésions organiques qui s'ensuivent, soit par le voisinage ou le contact de tous les instants d'un machinisme véritablement de Damoclès. Et la principale chance qu'aient les ouvriers ou employés de tout sexe ou de tout âge d'échapper à tant de périls divers est encore d'y rester exposés le moins longtemps possible, de même que, pour les composants d'un corps de troupe, le maximum de salut ou de survivance est dans le minimum de séjour sous le feu de l'ennemi.

Tout le temps enfin que les salariés ne sont pas contraints de donner, contre le seul pain quotidien, à la production de marchandises — et de profits — pour autrui, ils l'auront à leur disposition ou à celle des leurs, pour s'instruire, agir, être hommes, citoyens, pères ou mères de famille et jouir de l'existence. On ne vit, on ne peut vivre, intellectuellement, familialement, civiquement, qu'en dehors de l'atelier, lorsqu'on cesse d'être une machine ou un servant de machine.

Tout cela, les travailleurs l'ont compris d'instinct, avant même que leur conscience de classe ait été dégagée par le socialisme arrivé à l'état de science.

C'est ainsi que partout, dès qu'ils ont eu à leur portée des moyens d'action, soit politiques, soit économiques, ils s'en sont servis pour limiter ou faire
limiter la journée de travail. En France, à peine la
Révolution du 24 février leur a-t-elle donné un
instant ou une ombre de pouvoir, qu'ils arrachent à
la plus provisoire des Républiques la loi — encore à
appliquer, hélas! — des douze heures. En Angleterre, tout l'effort des Trades Unions, au fur et à
mesure de leur développement, a porté dans le
même sens, et avec un succès tel, par suite de la
rivalité entre l'aristocratie terrienne et la bourgeoi-
sie industrielle, que la semaine de travail varie
actuellement entre 59 et 55 heures, soit moins de
9 heures par jour, six jours sur sept.

Et dès les premiers congrès de l'Association in-
ternationale des travailleurs, à la fin du troisième
et dernier Empire, ce qu'est unanime à revendiquer
l'élite du prolétariat européen, comme le point de
départ de tout affranchissement, c'est la journée de
huit heures, devenue depuis 1889 l'objectif de la ma-
nifestation mondiale du premier mai de chaque
année.

L'intérêt social n'est ni moindre ni moins évident,
quoique notre société bourgeoise s'obstine à le mé-
connaître. Ce que la journée démesurée de travail,
maintenue en contradiction avec l'apparition et l'extension du machinisme, a donné comme résultat,
c'est un désordre économique qui n'a d'égal que la
dégénérescence de l'espèce. D'un côté, engorgement
de plus en plus fréquent du marché, brusques arrêts
du travail avec leur cortège de faillites et de ruines,
crises de surproduction en un mot, faisant jaillir le
manque de tout du trop de tout. De l'autre, abaisse-
ment de la natalité et de la taille, mortalité enfan-
tine sans précédent, rachitisme et autres éléments
de la pire des banqueroutes pour une nation, la ban-
queroute physiologique. Personne ne saurait con-
tester ces deux faces du mal, du même mal. Mais,
si incompréhensible que cela puisse paraître au premier abord, on est encore à ignorer généralement la

remède, ou à se refuser à le rechercher là où il est : dans la limitation du temps pendant lequel, à surproduire, les producteurs se détruisent eux-mêmes et, avec eux, l'avenir de la race.

C'est à l'intervention de la société, c'est à une loi que nous demandons, — et que le monde du travail tout entier demande avec nous — la réduction de la journée à un maximum de huit heures.

Pourquoi la loi ? Pourquoi huit heures ? C'est ce qu'il nous reste à exposer sommairement, avant de répondre aux diverses objections formulées contre cette réforme des réformes.

L'intervention législative ou sociale s'impose pour des raisons multiples.

Nous en avons tout à l'heure, quoique incidemment, indiqué une première : c'est la nécessité, pour une nation qui n'entend pas se suicider, de ne pas laisser dilapider au gré des appétits particuliers le trésor de ses forces vives. La nation, en effet, est doublement atteinte par le surtravail sous lequel est écrasée sa classe productive, de beaucoup la plus nombreuse. En même temps que s'épuise irrémédiablement sa puissance vitale, elle voit s'aggraver, du fait de la multiplication des infirmes et des malades, les charges qui lui incombent et que représentent hôpitaux, hospices, bureaux de bienfaisance, etc. Lorsque les pouvoirs publics ont d'abord fixé, puis successivement élevé l'âge d'admission des enfants dans les fabriques, comme lorsqu'ils ont interdit à la femme le travail de nuit après les travaux souterrains, ils ont obéi à ce même intérêt social supérieur que nous invoquons, à l'heure présente, à l'appui de la limitation légale du travail des adultes.

Une autre raison pour que la loi intervienne, c'est qu'elle est déjà intervenue — dans le sens opposé. Ce n'est pas la nature, c'est la société qui, en déterminant, avec la propriété, toute une série de rapports légaux entre l'homme et les choses, a amené la division des hommes en possédants et en non-possédants ; c'est elle qui a donné lieu à la formation et au développement d'une classe de non-propriétaires ou de prolétaires, réduits, pour vivre, à la vente, au jour le jour, de leurs bras ou de leurs cerveaux, hors d'état, par suite, de se protéger, de défendre leur liberté et leur vie contre les exigences d'une autre classe, de propriétaires, maîtres de tous, parce que maîtres de tout. C'est la loi qui a livré ceux-là à ceux-ci ; c'est à elle qu'il appartient de réglementer cette livraison, de lui enlever son caractère et ses conséquences homicides.

Une autre raison encore, c'est que, si elle ne revêtait pas le caractère général que la loi seule peut lui donner, la réduction des travaux forcés ouvriers ne pourrait être opérée localement par des employeurs plus humains qu'à leur détriment et au bénéfice de leurs concurrents de moins de cœur et de plus de caisse. S'en remettre à la bonne volonté ou au bon plaisir des patrons, collectifs ou individuels, pour assurer, avec des loisirs, un mieux-être à leurs ouvriers et ouvrières, ce serait, en réalité, instituer une prime au profit des pires d'entre eux, de ceux qui ne voient ou ne veulent voir que le gain à réaliser ; ce serait rendre à tout jamais impossible l'état meilleur que nous poursuivons et qui est possible *hic et nunc*.

Nous voulons que légalement la journée de travail ne puisse dépasser huit heures Et nous le voulons parce qu'il y a là un maximum physiologique au delà duquel l'homme se brûle ou se tue.

La fameuse expérience de Pettenkofer et Voit, citée par le docteur Napias dans sa conférence de Limoges, du 8 août 1890, est concluante sur ce point. Bien qu'il s'agit d'un « ouvrier vigoureux, suffisamment alimenté », — ce qui n'est pas le cas de la classe ouvrière en général, — neuf heures de travail l'avaient laissé en déficit de 192 grammes d'oxygène, qu'il avait dû emprunter à ses propres tissus, et dans l'impossibilité, même avec une nuit de repos, de récupérer la provision nécessaire à une nouvelle période de travail. »

Si nous avions besoin d'une autre preuve organique, nous la trouverions quotidiennement fournie par la compagnie générale des omnibus qui — j'en appelle à son ex-directeur, M. Boulanger, — se garderait bien d'infliger même huit heures de travail par jour à sa cavalerie, qu'elle n'entend pas mettre sur le flanc avant le temps, parce que ce bétail non humain représente un capital dont il convient d'être ménager.

Nous voulons encore et surtout limiter à huit heures la journée ouvrière parce que, si l'organisme humain l'exige, l'état de nos forces non humaines de production le permet. Ce n'est pas en vain que le génie de l'homme a arraché ses secrets à la nature de plus en plus domptée. Cette rédemption par la science ne saurait avorter comme l'autre, la rédemption par la foi. Grâce à la physique et à la chimie, nous disposons aujourd'hui, avec les chevaux-vapeur et hydrauliques, — pour ne rien dire de l'électricité, — de travailleurs de fer et d'acier en quantité telle que si tous les travailleurs de chair et d'os étaient constamment occupés huit heures par jour, la production, loin d'être inférieure, serait encore de beaucoup supérieure à la consommation. Rien que pour l'Angleterre, avant 1871, si nous en croyons M. Paul Leroy-Beaulieu dans sa *Question ouvrière au dix-neuvième siècle*, « la force des chevaux-vapeur employés dans l'industrie représentait le travail de 77 millions d'ouvriers », — plus de quinze esclaves par famille de cinq personnes !

Or, dès la fin du siècle dernier, alors que la vapeur naissait à peine, Benjamin Franklin pouvait affirmer qu'avec, non pas huit heures, mais quatre, fournies par chacun, il y aurait amplement de quoi satisfaire à tous les besoins de tous.

Tout récemment, c'est un statisticien anglais — un capitaliste, qui plus est — William Heyle, qui calculait qu'une heure et quart suffirait, qu'il répartissait comme suit: alimentation, une demi-heure ; vêtements, un quart d'heure ; logement, instruction et le reste, une demi-heure. Et avec sa demi-heure pour l'alimentation, il se montrait plus exigeant que

M. Henri de Beaumont, qui, dans l'*Economiste français* du 8 septembre 1888, a dû rapporter que dans
les conditions mécaniques des Etats-Unis, « le travail de sept hommes suffit pour cultiver le blé, le
battre, moudre la farine, pétrir le pain et le faire
cuire de façon à nourrir un millier d'hommes. »

Si le travail de sept hommes suffit à en nourrir
mille, cela veut dire que sept jours de travail don-
nent mille jours de nourriture, soit moins de onze
minutes pour la nourriture d'un jour ou de vingt-
quatre heures. Onze minutes par jour, voilà donc la
somme de travail qui, de l'aveu du plus réactionnaire
des économistes, pourrait, dès aujourd'hui, faire face
au principal et au plus coûteux des besoins de notre
espèce ! Nous sommes loin — on le voit — de la
demi-heure du savant d'Outre-Manche, et plus loin
encore des huit heures revendiquées comme un maximum par les partis socialistes des deux-mondes.

Mais, sans nous arrêter à ces chiffres, que nous
ne citons que pour mémoire, comme indication, il y
a, pour justifier la journée maxima de huit heures,
un argument d'expérience quotidienne, que chacun
est en mesure de contrôler : ce sont les chômages et
les mortes-saisons qui sévissent sur toutes les
branches de l'industrie ; c'est leur durée et leur intensité qui vont augmentant avec l'extension et le
perfectionnement de l'outillage. Que l'on ouvre les
derniers *Bulletins* de l'Office du travail, et l'on cons-
tatera qu'en janvier, février et mars de cette année,
les sans-travail dans les divers corps d'état ont varié
de 7 à 15, à 22, à 40, voire à 60 pour cent. Et ces
statistiques officielles ne portent que sur les ouvriers organisés, syndiqués, sur une élite ouvrière.
Que serait-ce si elles étaient étendues à la masse
des « disqualifiés » selon l'expression anglaise ?

En évaluant à un quart en moyenne les bras inoccupés, et à trois mois par année les jours sans travail, nul doute qu'on ne soit en-dessous de la vérité.
Et, en admettant même que la réduction du temps
de travail dût entraîner une réduction proportion-
nelle ou équivalente du produit, voilà, rien que par

l'emploi des inemployés et par l'égale répartition, entre les six jours des cinquante-deux semaines de l'année, du travail intermittent d'aujourd'hui, le déficit comblé que devrait, — prétend-on, — creuser dans la production la journée de huit heures substituée à celle de douze.

Mais il n'est pas vrai que diminuer d'un quart ou d'un cinquième la durée quotidienne du travail, ce soit diminuer d'autant la productivité du travail. Toutes les expériences — et elles sont nombreuses — accumulées depuis un demi-siècle ont établi le contraire. Avant même que les *Factory acts* aient en Angleterre, par la limitation du travail des femmes et des enfants, réduit de fait à dix heures la journée des hommes, dès 1844, M. Gardner, en ne faisant travailler que onze heures au lieu de douze dans ses deux tissages de Preston, « arrivait au même quantum de produits ». Même résultat dans les usines de MM. Howocks et Jackson, où « en onze heures les ouvriers payés au mètre ne gagnaient pas un salaire moindre et, par conséquent, ne produisaient pas moins qu'aupavavant en douze heures. » Et tout récemment encore, MM. Mather et Platt ont pu, dans leur établissement métallurgique de Salford, remplacer la journée de huit heures cinquante minutes par la journée de huit heures, sans que le rendement ait baissé.

C'est que l'homme n'est pas, comme la machine en mouvement, toujours égal à lui-même. Les muscles, l'œil, le cerveau se fatiguent; et au-delà d'une certaine limite, le travail humain voit son intensité — c'est-à-dire sa productivité — décroître avec sa durée.

Ce qui ne veut pas dire, sans doute, que si le travail a pu être abaissé de douze heures à onze ou de neuf heures à huit sans diminution de son effet utile, il en sera de même de la réduction de douze heures ou de onze heures à huit. Non; une pareille réduction opérée d'un coup aura certainement pour corollaire une production diminuée, mais pas dans la proportion de trois ou quatre douzièmes, dans une proportion infiniment moindre. Et j'ajoute que, loin de redouter cette diminution très relative, les socialistes l'appellent de tous leurs vœux. Elle figure, pour nous, non au passif, mais à l'actif des huit heures. C'est sur elle que nous comptons pour multiplier les bras occupés, pour faire place dans l'atelier à quantité de ceux qui, de plus en plus, se pressent à la porte, l'estomac vide.

Réduire, sinon supprimer, le réservoir croissant des meurt-de-faim qui servent à affamer et à brider la partie du prolétariat en activité, tel est, en effet, sinon l'unique but, un des buts — et non le moindre — de la revendication qu'il s'agit de faire aboutir.

« Mais alors — objecte-t-on — si vous obligez le patron à embaucher un plus grand nombre d'ouvriers, vous allez, en élevant ses prix de revient, hausser le prix de vente des produits. Et comme l'ouvrier est consommateur, c'est-à-dire acheteur, il perdra en cette dernière qualité ce qu'il aura pu gagner comme producteur salarié, ce qui le laissera Gros-Jean comme devant et réduira votre réforme à zéro. »

Erreur, triple erreur ! que les économistes d'aujourd'hui n'ont pas même inventée, qu'ils ont dû emprunter au sophiste par excellence, le P.-J. Proudhon qu'ils adorent aujourd'hui — et avec raison — après avoir voulu le brûler jadis.

1° Il est des produits que l'ouvrier ne consomme pas, et pour cause : soieries, dentelles, cristaux ; il en est d'autres qui ne sont pas, si je puis m'exprimer ainsi, de consommation individuelle ; fers et fontes, aciers, etc. Les unes et les autres pourraient renchérir sans que le prolétaire soit touché si peu que ce soit par ce renchérissement qui passe par-dessus sa tête.

2° Le prix de revient peut augmenter sans qu'augmente nécessairement le prix de vente, déterminé du dehors soit par le rapport de l'offre avec la demande, soit autrement. C'est ainsi que la composition des journaux, la fabrication des cigares et des allumettes, le service des chemins de fer, pourraient ressortir à un prix plus élevé sans que, soit la presse à cinq centimes, soit les allumettes et le tabac, soit le transport des hommes et des marchandises, doivent ou puissent revenir plus cher au consommateur.

3° La main-d'œuvre industrielle et commerciale n'entre que pour une part dans les frais de revient. Et, en supposant que la journée de huit heures augmente d'un septième, ou d'un huitième les frais de main-d'œuvre, ce n'est pas le prix total de revient qui se trouvera augmenté d'un septième ou d'un huitième, mais seulement la partie du prix de revient qui correspond au salaire. Ce qui constituerait toujours les salariés du l'industrie et du commerce en bénéfice de toute la différence entre l'accroissement absolu de leur puissance d'achat et le prix relativement accru de certains objets de consommation.

Ce qui est vrai, — et ce que savent aussi bien que nous les adversaires de la journée de huit heures, — c'est que l'accroissement des frais de production, qui pourra résulter du plus grand nombre de prolétaires employés, sera pris, immédiatement au moins, sur les profits capitalistes, appelés à faire, dans une certaine mesure, les frais de cette amélioration des conditions ouvrières. Oui, dans le partage du produit, qui est la règle de la société actuelle, le plus partageuse des sociétés, la part du capital sera diminuée de toute l'augmentation de la part du travail, travail et capital formant comme les deux plateaux d'une balance dont l'un ne peut s'élever sans que l'autre s'abaisse. La journée de huit heures sera — pour un temps, jusqu'à ce que l'outillage perfectionné, « automatisé » ait ramené les choses à leur état actuel — une réduction de la dîme ou de la rente que le prolétariat producteur paye ou sertaux détenteurs de plus en plus oisifs des moyens de production. Et c'est pourquoi, en même temps que les trois-huit figurent en tête du programme socialiste, ils se heurtent depuis des années à la résistance intéressée de la féodalité patronale.

Mais cette dernière, au lieu de dire où le bât la blesse, au lieu de reconnaître que son opposition à cette réforme de volonté ouvrière et de salut social n'est motivée que par le souci de sa caisse à remplir coûte que coûte, dissimule son égoïsme de classe derrière toute espèces de prétextes d'ordre général, plus fallacieux les uns que les autres.

N'est-ce pas par égard pour les travailleurs que l'on a combattu et que l'on combat encore les huit-heuristes, accusés de vouloir infliger à tous une même et uniforme journée de travail, sans distinguer entre les différents genres de travaux, les uns plus pénibles ou plus mortels, les autres plus sains ou plus agréables ?

Ceux qui s'escriment ainsi à côté feignent d'ignorer que les huit heures réclamées par nous constituent une limite extrême, en deçà de laquelle auront à se diversifier les journées de travail d'après la nature même des travaux. C'est un maximum — et ce n'est qu'un maximum — que nous demandons à la loi d'édicter, comme aujourd'hui même un autre maximum, de vingt-quatre heures, est déterminé par la rotation de la terre sur son axe. Et, de même que, dans le cercle de ce maximum naturel, la journée effective, sous l'action de l'offre et de la demande, varie, selon les métiers, entre neuf heures et treize ou quatorze, de même, dans le cercle du maximum légal ou social de huit heures, qu'il s'agit de lui substituer, le simple jeu de l'offre et de la demande fera ressortir la journée, selon les professions, leurs avantages ou leurs risques, à sept heures, à six ou à moins encore.

On nous a, toujours dans le même ordre d'idées, reproché non moins justement de ne pas faire de départ entre les salariés, selon qu'ils sont plus forts ou plus faibles, plus ou moins chargés de famille. Comme si l'industrie machinisée d'aujourd'hui, dans laquelle l'homme n'est qu'un rouage, qu'une pièce de l'outillage, tenait et pouvait tenir compte, avec ses ateliers ouvrant et fermant à heure fixe, des inégalités organiques et familiales de ceux et de celles qu'elle emploie !

La Chambre dernière l'a essayé plus ou moins sincèrement, non pas même par individu, mais par sexe et par âge, en graduant la journée, à dix heures pour les enfants, à onze heures pour les femmes, à douze et plus pour les hommes. Et le résultat, vous le connaissez : c'est qu'après avoir été journellement violée par un patronat qui ne reconnaît pas de loi, prétend être à lui-même sa propre loi, ce qu'on a appelé la loi du 2 novembre 1892 est à la veille de vous revenir pour être par vous-mêmes égorgée sur l'autel des nécessités industrielles !

Mais on a été plus loin dans l'absurde. Dans le projet que plus de douze cents syndicats ou groupes corporatifs de toutes les parties de la France nous donnaient, il n'y a que quelques semaines, mandat de transformer en loi, on s'est avisé de découvrir une atteinte à la liberté ouvrière.

La liberté ouvrière atteinte, parce que, pour admettre l'ouvrier à travailler, — c'est-à-dire à manger, — l'employeur ne sera plus libre de lui imposer douze, treize — voire quatorze heures, comme dans les Vosges — d'abandon de ses forces, d'us et d'abus de sa personne !

La liberté ouvrière atteinte, parce que — véritable trêve, non plus de Dieu, mais de l'humanité — seize heures sur vingt-quatre l'ouvrier cessera d'être un outil pour redevenir un être pensant, vivant, maître de lui, de son temps, de ses affections, de son action !

La liberté ouvrière atteinte, parce que l'enfance ne pourra pas, plus de huit heures par jour, être déformée, abêtie, phtysiphiée dans ce qui ne peut être pour elle qu'un bagne ou un abattoir, et parce que plus de huit heures par jour l'ouvrière, cette monstruosité de la civilisation capitaliste, ne pourra pas être arrachée à son rôle, auguste entre tous, de mère, de reproductrice de l'espèce !

Autant soutenir qu'en interdisant la vente définitive et à perpétuité d'un homme à un de ses semblables, le code a supprimé toute liberté et que nous sommes d'autant plus libres que nous servons plus longtemps de moyen à la volonté ou à la fortune d'un autre.

Loin d'aller contre la liberté des travailleurs, la loi qui interdira de les river à l'esclavage de l'usine plus de huit heures sur vingt-quatre apportera aux travailleurs par millions de la fin de ce siècle seize heures de liberté par jour ; elle les initiera à ces Droits de l'homme et du citoyen qu'ils ne connaissent présentement que de nom

La seule liberté entamée sera celle des capitalistes, pour ne pas dire des esclavagistes. Et cette liberté-là, que le socialisme a pour objet et pour devoir de faire disparaître comme la République a fait disparaître la liberté des rois ou empereurs « propriétaires d'hommes », il ne se trouvera, nous osons l'espérer, personne dans cette Chambre pour en prendre la défense.

Vous ne voudrez pas, messieurs, en repoussant, non pas même la libération, mais la simple commutation de peine que la France prolétarienne attend de votre justice, souffler sur la dernière espérance d'une solution pacifique du problème social. Vous vous rappellerez, pour essayer au moins de les faire mentir, les lignes suivantes d'un rallié de la première heure, mort sénateur et académicien, M. John Lemoinne :

« Comme tous les grands problèmes du monde, le problème de l'esclavage (dont le salariat n'est, d'après Chateaubriand, que la dernière forme) sera résolu par le fer et le feu, et Spartacus ramassera encore son droit de cité dans la poussière et dans la cendre des batailles. C'est le prix de toutes les grandes initiations. »

Et vous voterez notre proposition que, dans un de ses Appels du 1ᵉʳ mai, le Conseil national du Parti ouvrier français résumait comme suit :

« La journée de huit heures, étant donné le développement continu de l'outillage mécanique, suffit amplement aux nécessités de la production si tous les travailleurs valides sont régulièrement employés.

» La journée de huit heures aura pour premier effet de restreindre les chômages et d'ouvrir la porte de l'atelier à nombre d'ouvriers sans travail.

» La journée de huit heures entraînera, comme conséquence nécessaire, une hausse des salaires en mettant fin à la concurrence au rabais que font aux ouvriers occupés les ouvriers inoccupés.

» La journée de huit heures bénéficiera au petit commerce qui pourvoit aux besoins des ouvriers en augmentant les moyens d'achat de ces derniers. Plus les salaires ouvriers sont hauts, plus le petit commerce prospère.

» La journée de huit heures profitera aux industriels eux-mêmes en diminuant momentanément une production effrénée, en prévenant l'encombrement du marché et en ouvrant au sein même de la nation ces débouchés que l'on va, au prix de tant d'or et de sang, chercher jusque dans l'extrême Asie et dans le centre de l'Afrique.

» La journée de huit heures donnera au producteur exténué par un travail de plus en plus monotone, malsain et dangereux, le temps de réparer ses forces.

» La journée de huit heures, enfin, lui permettra de vivre de la vie de famille, de se développer intellectuellement et de remplir ses devoirs envers sa classe et envers l'humanité, que la mission historique du prolétariat est d'affranchir en s'affranchissant. »

PROPOSITION DE LOI

Article premier

Il est interdit de faire travailler plus de huit heures par jour et plus de six jours par semaine dans les mines, manufactures, usines, chemins de fer, chantiers et magasins.

Article 2.

Pour les usines à feu continu ou tout autre travail ne comportant pas d'interruption, il y aura lieu de constituer des équipes en nombre suffisant, de façon qu'aucune ne soit astreinte à fournir plus de quarante-huit heures par semaine.

CAMARADES,

Pour faire connaître à tous les travailleurs ce qu'est le Collectivisme, il faut journaux, revues et brochures.

La *Savonnerie des Travailleurs*, est fondée dans le but d'aider au développement de ces trois éléments essentiels; *tous ses bénéfices seront employés à la propagande socialiste.*

Par conséquent, Camarades, achetez de préférence chez tous les Epiciers, Coiffeurs, Merciers, Herboristes et Bazars, le savon des *Trois Huit* et le savon du *Chambard.*

Le *Trois Huit* se vend 40 centimes le pain, sous l'enveloppe on trouve le portrait d'un député ou militant socialiste en magnifique photogravure.

Le *Chambard* se vend 20 centimes son étiquette représente un bûcheron abattant l'arbre du capitalisme.

Avec le savon socialiste
Dont l'odeur est très agréable,
Combattons le Capitalisme,
Amis, c'est pour la « Sociale ».

217